BEI GRIN MACHT SICH IHR WISSEN BEZAHLT

AF150872

- Wir veröffentlichen Ihre Hausarbeit,
  Bachelor- und Masterarbeit

- Ihr eigenes eBook und Buch -
  weltweit in allen wichtigen Shops

- Verdienen Sie an jedem Verkauf

Jetzt bei www.GRIN.com hochladen
und kostenlos publizieren

Andreas Hummel

Handelsmarken als Instrument zur Profilierung von Handelsunternehmen

GRIN Verlag

Bibliografische Information der Deutschen Nationalbibliothek:

Die Deutsche Bibliothek verzeichnet diese Publikation in der Deutschen National-
bibliografie; detaillierte bibliografische Daten sind im Internet über http://dnb.d-
nb.de/ abrufbar.

Impressum:

Copyright © 2013 GRIN Verlag GmbH
Druck und Bindung: Books on Demand GmbH, Norderstedt Germany
ISBN: 978-3-656-36898-4

Dieses Buch bei GRIN:

http://www.grin.com/de/e-book/209147/handelsmarken-als-instrument-zur-profilie-
rung-von-handelsunternehmen

GRIN - Your knowledge has value

Der GRIN Verlag publiziert seit 1998 wissenschaftliche Arbeiten von Studenten, Hochschullehrern und anderen Akademikern als eBook und gedrucktes Buch. Die Verlagswebsite www.grin.com ist die ideale Plattform zur Veröffentlichung von Hausarbeiten, Abschlussarbeiten, wissenschaftlichen Aufsätzen, Dissertationen und Fachbüchern.

Besuchen Sie uns im Internet:

http://www.grin.com/

http://www.facebook.com/grincom

http://www.twitter.com/grin_com

AKAD Hochschule Stuttgart

Modul: BWL 44

Thema: Handelsmarken als Instrument zur Profilierung von Handelsunternehmen

Andreas Hummel

Abgabedatum: 21. Januar 2013

Inhaltsverzeichnis

1 Einführung in das Thema

Es gibt verschiedene Absender von Marken: Ist der Absender der Marke der Hersteller des Produkts, sprechen wir von Produzentenmarken. Tritt der Händler als Absender der Marke auf, sprechen wir von Handelsmarken.

Ob nun „Gut&Günstig" (EDEKA), „K-Classic" (Kaufland), „Real Quality" (Real) oder „Ja!" (REWE), die Handelsmarken der großen Einzelhändler sind vielen geläufig und man verbindet eine gewisse Preis- und Qualitätserwartung an sie. Die Marken sind lebendig und die Konsumenten beschäftigen sich jeden Tag mit Ihnen. Auch aus Sicht der Händler sind die Handelsmarken ein wichtiges Instrument.

Diese Arbeit soll aufzeigen, wie sich die Unternehmen mit diesen Marken in verschiedenen Bereichen profilieren können und, um dies zu verstehen auch das grundlegende Konzept und die historische Entwicklung der Handelsmarken erklären.

2 Das Konzept der Handelsmarken

2.1 Entwicklung in der Vergangenheit

Um sich von dem Preisdiktat der großen Markenkonzerne zu lösen, führten die Gebrüder Aldi in den 50er-Jahren Handelsmarken in Ihren Geschäften ein. Ursprünglich waren diese als reine Alternativen im niedrigeren Preissektor zu den Markenwaren gedacht. Auch durch den Erfolg von Discountern wie Aldi, Lidl oder andere stieg in den letzten Jahrzehnten das Ansehen der Handelsmarken.[1]
In den Jahren nach der Euro-Einführung konnten Handelsmarken-Anbieter große Zuwachsraten vor Allem bei sogenannten „No-Name"-Produkten erzielen. Der Marktanteil dieser Marken stieg von 28% (2001) auf 41,3% (2008).[2]

---

[1] BERTRAM (2006) S. 8

[2] SCHLAUTMANN (2010)

2.2 Arten von Handelsmarken

Handelsmarken können verschieden klassifiziert werden.
Zum einen existiert die Einteilung in klassische Handelsmarken,
Gattungsmarken und Premiummarken.[3]

Viele klassische Handelsmarken sind sogenannte „Me-too"-Produkte, welche
bewusst Produkten anderer Marken ähneln und die sich durch einen
geringeren Preis auszeichnen möchten. Kunden sollen sich nach dem
Vergleich der Leistung und der Qualität auf Grund des günstigeren Preises
für die Handelsmarke entscheiden.
Oft als „No-Name"-Ware oder „Generika" bezeichnet werden die
Gattungsmarken. Durch einfache Artikel- und Verpackungsgestaltung sollen
sie sich durch einen niedrigeren Preis auszeichnen.
Handelsmarken mit hoher Qualität und entsprechend hohem Preis werden
als Premiummarken bezeichnet. Dem Käufer soll ein hoher Zusatznutzen
auf der emotionalen Ebene geboten werden.[4]

Zum Anderen können Handelsmarken nach Anzahl der Produkte oder dem
Preis kategorisiert werden:[5]

-        nach der Anzahl: als Mono-, Produktgruppen- oder Programmmarken
-        nach dem Preis als Premium-, B-, oder Preiseinstiegsmarken

---

[3] THEIS (1999), S. 557, zitiert aus HANDELSWISSEN.DE, TOP. 2
[4,5] HANDELSWISSEN.DE, TOP. 2

2.3 Aktuelle Entwicklung

Innerhalb des Segments der Handelsmarken lässt sich sagen, dass nach bereits erwähntem Anstieg der „No-Name"-Marken nach der Euro-Einführung der Marktanteil dieser Produkte im Jahr 2009 zum ersten Mal seit Jahren zurück ging.[6] Daraus entwickelte sich der Trend der Premiummarken. Der Einzelhändler Rewe hat in seinen Regalen bereits 120 Produkte der eigenen Marke „Feine Welt" in die Regale gestellt, welche unmissverständlich das Premium-Segment bedient. Auch im europäischen Ausland lassen sich diese Trends erkennen.[7]

Lt. einer Studie der Markant AG, Pfäffikon (CH) geht ein Großteil der Experten davon aus, dass der Marktanteil von Handelsmarken im allgemeinen steigen wird.

Abbildung 1: Marke & Handelsmarke[8]

[6,7] SCHLAUTMANN (2010)

[8] ESCH (2012)

Somit rechnen rund 30 Prozent der Experten mit einer starken, 46 Prozent mit einer eher gemäßigten Zunahme des Marktanteils von Handelsmarken. Korrespondierend dazu geben rund die Hälfte der Verbraucher an, künftig eher auf Herstellermarken als auf Handelsmarken verzichten zu können.

Aus der genannten Studie wurden zwei Szenarien für das Jahr 2030 abgeleitet:[9]

Szenario 1: Handelsmarken dominieren

Szenario 2: Handel und Hersteller kooperieren effektiv zum Wohl beider Seiten.

3 Möglichkeit zur Profilierung durch Handelsmarken

Durch die Ähnlichkeit der Sortimente der Einzelhändlern erfolgt die Entscheidung durch den potenziellen Kunden immer mehr über den Preis.

Hier bieten Handelsmarken einem Handelsunternehmen vielfältige Möglichkeiten, das eigene Profil zu schärfen und sich zu differenzieren. Durch gezielten Einsatz der Handelsmarken und dementsprechende Bewerbung können diese das Bewusstsein der Konsumenten und die Identifikation mit dem Handelsunternehmen festigen. Darüber hinaus hat das Unternehmen, im Vergleich zum Vertrieb von Herstellermarken, verschiedene Möglichkeiten, die eigenen Margen auszuweiten.

---

[9] ESCH (2012)

3.1 in der Produkt- und Markengestaltung

Hier gibt es vielfältige Möglichkeiten für Handelsunternehmen, das eigene Profil zu schärfen und das Produktangebot zu differenzieren. Als Beispiel wird hier die Handelskette „real", welche zur METRO GROUP gehört genannt.

Metro konzentriert sich hauptsächlich auf vier verschiedene Handelsmarken welche differenzierte Bedarfssegmente ansprechen sollen. Zum einen gibt es die klassische „No-Name"-Marke „Tief im Preis" (TIP) dies sind Produkte des täglichen Bedarfs in einem bewusst einfachen Verpackungsdesign. Der Preis bewegt sich auf Discount-Niveau. Zusätzlich gibt es die Marken „real Quality" und „real Bio" welche mit Marken-, bzw. Bioqualität beworben werden und von Aufmachung und Verpackung auch stark an Markenartikel erinnern. Als vierte Marke bedient Metro hier auch das Premium-Segment mit innovativen und qualitativ hochwertigen Produkten mit der Marke „real Selection".[10]

Abbildung 2: Eigenmarken der „real;- SB Warenhaus GmbH"[11]

---

[10] REAL.DE

[11] REAL.DE

Ziel hinter allen Anstrengungen in der Marken- und Sortimentspolitik von Handelsunternehmen steht stets der höhere Absatz der hauseigenen Marken. Durch die breite Aufstellung des real-Sortiments sind hier gute Voraussetzungen dafür geschaffen. Durch ein breites Angebot vom günstigen Discounter-Produkt bis zur Premium-Schokolade ist ein großer Teil der potenziellen Kundengruppen abgedeckt.

Oft geht auch die Tendenz dazu, die Eigenmarken auszudifferenzieren. Das heißt, dass eine bestehende breite Handelsmarke in verschiedene Kundengruppen aufgeteilt wird. So hat zum Beispiel die Kaufhof früher die gesamte Herrenkollektion unter einem Handelsmarkennamen vertrieben, hat dies jedoch inzwischen in verschiedene Handelsmarken aufgeteilt. [12] Mögliche Differenzierungen wären z.b. modebewusste Männer über 35 oder outdoor-orientierter Stil für Männer von 25-35. [12]

3.2 zur Festigung der Kundenbindung

Durch die Exklusivität der eigenen Handelsmarken wird die Einzigartigkeit des eigenen Sortiments gesteigert. Dadurch steigt die Differenzierung gegenüber der Konkurrenz. Eine große Chance ist ebenfalls die Verbesserung des Qualitätsimages, dies führt zu einer stärkeren Kundenbindung. [13]

Das Vorurteil der schlechteren Qualität konnten die Handelsmarken in den letzten Jahren größtenteils abstreifen. Dies liegt unter anderem auch an oft überraschend guten Bewertungen durch die Stiftung Warentest, wo oft die Eigenmarken großer Discounter als Testsieger hervorgehen. Wie zum Beispiel im Test der Stiftung Warentest von Bitterschokolade vom 22.11.2007, wo die Marken „Moser-Roth" von Aldi, „Lidl J.D. Gross" und „Lidl Fairglobe" das Rennen machten. [14]

---

[12] ESCH-BRAND
[13] STREBINGER; SCHWEIGER (2003)
[14] TEST.DE (2007)

3.3 in der Lieferantenauswahl

Da die Handelsunternehmen bemüht sind, dass die Hersteller hinter ihren Eigenmarken nicht auf Anhieb ersichtlich sind, ist hier ein stillschweigender Wechsel von Lieferanten ohne weiteres möglich. Die Kunden bemerken dies im Idealfall, bei gleichbleibender Verpackung und Qualität, nicht und kaufen weiterhin ihre gewohnte Marke. Somit hat das Handelsunternehmen diverse Reaktionsmöglichkeiten um Qualität und/oder Preis der eigenen Marke zu verändern.

Eine weitere Möglichkeit für Handelsunternehmen ist die Konzentration auf lokale Hersteller. So kann ein bundesweit tätiger Einzelhändler in verschiedenen Regionen von regionalen Zulieferern einkaufen und die Ware bundesweit einheitlich unter selbem Namen vertreiben.

Eine weitere Chance für Handelsunternehmen ist die fehlende Abhängigkeit von der Herstellern im Bereich Marketing. Jedes Handelsunternehmen entscheidet selbst, wie seine eigenen Handelsmarken beworben werden.

4 Schlusswort und Ausblick

Um sich zu profilieren ist der Gebrauch von Eigenmarken heute für Handelsunternehmen unerlässlich. Die aufgezeigte Entwicklung in den Letzten Jahren von der „No-Name"-Billigmarke zum ausgeklügelten Handelsmarkensortiment mit der Abdeckung verschiedener Kundengruppen zeigt, dass sich in diesem Bereich viel getan hat.

Die Entwicklung zu den Premiummarken zeigt uns deutlich, dass sich der Handel weg von der Einstellung „Geiz ist geil" bewegt.[15]

---

[15] NESSEL (2008) S. 181

Seit Marktforschungsinstitut wie GfK und Nielsen festgestellt haben, dass mit Marken wieder Geld zu verdienen ist, erkennen Händler diesen Trend und passen sich dem an.[16]

Bei Betrachtung der letzten Jahre zeigt sich jedoch ein leichter Rückgang der Handelsmarken im Jahr 2009 in Ländern mit hohem Handelsmarkenanteil.

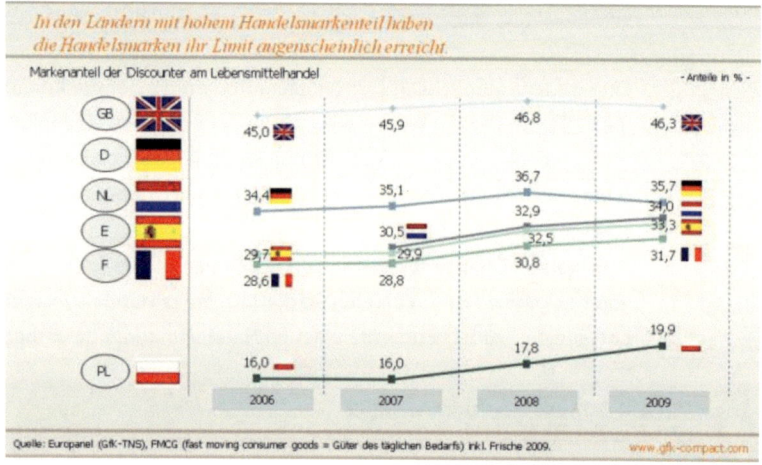

Abbildung 3: Markenanteil der Discounter am Lebensmittelhandel [17]

Um sich weiterhin am vorherrschenden Markt zu behaupten, müssen die Handelsunternehmen Ihre Marken stetig weiterentwickeln. Sollte durch Mehrwertkonzepte weiteres Vertrauen beim Verbraucher gewonnen werden, bestehen gute Chancen, die Position der Handelsmarken zu behaupten und weiter auszubauen. [18]

---

[16] NESSEL (2008) S. 182

[17] GFK-KOMPAKT (2010)

[18] GFK-KOMPAKT (2010)

Literaturverzeichnis und Internetquellen

BERTRAM (2006)

Bertram, Hans-Jürgen; Der Discounter Marken-Guide: Die bekannten Marken hinter No-Name-Artikeln bei Aldi, Lidl, Norma, Penny, Plus; Berlin; 2006

HANDELSWISSEN.DE

http://www.handelswissen.de/data/themen/Marktpositionierung/Sortiment /Markenprofil/Handelsmarken.php, abgefragt am 18. Januar 2013

ESCH (2012)

Esch, Franz-Rudolf; Die Zukunft der Marke – Die Fakten und Erkenntnisse; Studienergebnisse einer im Auftrag der Markant AG (CH) von der Brand Consultants und der GFK durchgeführten Studie; Sommer 2012

ESCH-BRAND

http://www.esch-brand.com/newsarticle/handeln-in-eigener-sache; abgefragt am 18. Januar 2013

GFK-KOMPAKT (2010)

http://www.gfk-compact.de/index.php?article_id=175&clang=0; abgefragt am 18. Januar 2013

NESSEL (2008)

Nessel, Günther; Chancen, Strategien zur Stärkung von Hersteller- und Händlermarken – Wie sich Handelsmarken künftig positionieren; ohne Ortsangabe; 2008

REAL.DE

http://www.real.de/unsere-marken.html, abgefragt am 18. Januar 2013

SCHLAUTMANN (2010)

Schlautmann, Christoph; Eigenmarken - Billigprodukte beenden Siegeszug; Handelsblatt; Frankfurt; 2010

STREBINGER; SCHWEIGER (2003)

Strebinger, Christoph; Schweiger, Günter; Mehr, weniger oder die richtigen? Zur Eigenmarkenstrategie des Lebensmittelhandels.; Wien; 2003

TEST.DE (2007)

http://www.test.de/Schokolade-25-Bitterschokoladen-von-gut-bis-mangelhaft-1602155-0/; abgefragt am 18. Januar 2013

THEIS (1999)

Theis, Hans-Joachim; Handels-Marketing. Analyse und Planungskonzepte für den Einzelhandel; Frankfurt; 1999